ZEUS VENCE
A LOS TITANES

EL ENFADO DE LA DIOSA HERA

Para Immy

Colección dirigida por M.ª Carmen Díaz-Villarejo

Traducción del inglés: P. Rozarena

Título original: *Zeus Conquers the Titans
              and Other Greek Myths*
Publicado por primera vez en Gran Bretaña
por Orchard Books en 2000

© del texto: Geraldine McCaughrean, 1997
© de las ilustraciones, Tony Ross, 2000
© Ediciones SM, 2003

Comercializa: CESMA, SA - Aguacate, 43 - 28044 Madrid

ISBN: 84-348-9386-X
Depósito legal: M-54563-2002
Preimpresión: Grafilia, SL
Impreso en España / *Printed in Spain*
Imprenta SM - Joaquín Turina, 39 - 28044 Madrid

ZEUS VENCE A LOS TITANES

EL ENFADO DE LA DIOSA HERA

GERALDINE McCAUGHREAN
ILUSTRADO POR TONY ROSS

sm

ZEUS VENCE
A LOS TITANES

En el principio de los tiempos, el Cielo y la Tierra tuvieron doce hijos e hijas: los Titanes. Cuando llegó su hora, el hijo mayor, Cronos, se apoderó del trono de su padre.

El Cielo le maldijo: «Llegará un día en que tu hijo te arrebatará el poder. Ese día probarás la amargura que yo experimento hoy».

Para evitar que la maldición de su padre
se cumpliera, Cronos se tragó a todos sus
hijos. A todos menos a uno, el cual todavía
no había nacido. Su mujer, embarazada,
huyó y dio a luz en secreto. Al niño le
llamó Zeus.

Cuando Zeus se hizo mayor, comprendió que su hora había llegado. Rescató a sus hermanos y hermanas del vientre de Cronos y luchó contra los Titanes hasta lograr lanzarlos a lo más profundo del universo.

Unos pocos sobrevivieron, pero su tiempo ya había pasado.

Y amaneció así la era de los dioses olímpicos.

Zeus y sus hermanos se repartieron el mundo entre ellos, echando a suertes qué lote le tocaba a cada uno.

A Poseidón le tocó el mar, reino de las sirenas, las ballenas y los arrecifes.

Hades recibió el Mundo Subterráneo con todas sus tenebrosas cavernas.

A Zeus, al radiante Zeus, le correspondió el Mundo Superior: playas, bosques, ríos, continentes, islas, desiertos y montañas.

El monte Olimpo sería el hogar de los tres hermanos.

Entonces, Zeus se ocupó de poblar el Mundo Superior. Primero instauró la Edad de Oro, donde los hombres eran perfectos de forma y completamente felices. Comían el fruto de los árboles y nunca enfermaban ni morían.

Pero su vida era tan fácil, tan tranquilas sus noches, que acabaron por recostarse, dormir y no molestarse siquiera en despertar de nuevo. Así que el radiante Zeus los fundió y solo dejó de ellos su espíritu para que vigilase a los hombres de la siguiente edad: la Edad de Plata.

Los hombres de
la Edad de Plata eran
bellos y vanidosos.
Se contemplaban en
los charcos de rocío y
decían: «Somos tan hermosos...
Tendríamos que ser dioses». Nunca
volvían sus ojos hacia el monte Olimpo y,
llenos de soberbia, vivían convencidos de
que el mundo era suyo.

Así que Zeus enterró a estos hombres en
el suelo y creó en su
lugar a los hombres de
la Edad de Bronce.
Estos hombres pronto
agarraron piedras y las
utilizaron como armas.
Fabricaron hachas y
palas y construyeron casas.

—Así está mejor –dijo Zeus.

Luego hicieron espadas y lanzas, flechas y garrotes; y dejaron de levantar casas para matarse unos a otros.

Para cuando terminó su guerra, Zeus tuvo que comenzar todo de nuevo. Lo único que le quedaba era el hierro. Los hombres de la Edad de Hierro se oxidaban y envejecían. Trabajaban y peleaban, se amaban y morían. Veneraban a los dioses del Olimpo y los atosigaban con sus oraciones. Y eso sois vosotros. Vosotros, los Mortales. La Humanidad. No gran cosa, pero lo mejor que Zeus pudo hacer a base de hierro.

Y durante todo este tiempo la sangre de los Titanes, a los que Zeus había vencido, permaneció sobre la roja tierra árida.
Y un día apareció un ejército de gigantes. Surgían de cada una de las rojas gotas de sangre. Rompían la superficie del suelo con sus horribles hocicos y arrastraban tras ellos sus colas de dragón.
Despedazaron rocas y árboles y los arrojaron contra los dioses. Por odio al Olimpo arrancaron el monte Ossa y lo colocaron encima del monte Pelión para trepar a lo más alto del cielo y atacar la Ciudadela de las Nubes.

Su caudillo, Tifón, el Titán más corpulento, tenía cien cabezas y sus ojos echaban fuego. Y por sus cien espantosas bocas asomaban cien negras lenguas bífidas.

Zeus empuñó el rayo del espacio y los relámpagos de las nubes de tormenta y los lanzó contra los gigantes, destrozando su torre de asalto. Mandó sobre ellos una tromba tal de granizo, truenos y centellas que Ossa y Pelión se derrumbaron deshechos y sus restos se esparcieron por toda la Tierra.

Solo Tifón quedó en pie. Los rayos se estrellaban contra su poderoso pecho sin hacerle daño. Apartaba a un lado las centellas, riendo, como el que espanta luciérnagas.

—¡No puedes matarme, Zeus! Soy inmortal como tú; y yo también quiero gobernar el mundo.

Zeus ya no tenía más armas en sus manos. El gigantesco monstruo se acercaba haciendo mil muecas salvajes.

—¡Voy a desgarrarte y a comerte! Te haré pedacitos, te trituraré. ¡Levanta

el agua del océano para taparte los ojos,
Poseidón! ¡Cúbrete los ojos con la tierra,
Hades! No querrás ver lo que voy
a hacer con tu hermano.

Entonces Zeus vio Italia. Se proyectaba
hacia el Mediterráneo como un carámbano
que cuelga del tejado. Se inclinó y le
arrancó un pedazo, soltó un alarido y con
todas sus fuerzas se lo tiró a Tifón, que al
recibir el golpe cayó al mar.

Se hundió y se formó una nueva isla,
Sicilia. Y aunque Tifón luchó y se debatió
y escupió fuego por sus cien bocas, los
otros gigantes no pudieron acudir en su
ayuda. Sobre los gigantes los dioses
olímpicos amontonaron rocas, colinas
y montañas, enterrándolas bajo
un millón de toneladas de
tierra y piedras.

Como Tifón había dicho, los Titanes no
podían morir. Cuando luchaban y se
debatían intentando liberarse, rocas
fundidas brotaban de las montañas y la
lava corría por las laderas en ríos de fuego
hasta perderse en el mar.

«Deseo casarme», se dijo Zeus, mientras los volcanes borboteaban y sus aterradoras erupciones se iban calmando. Y se casó con Metis, que era un Titán. Podrían haber sido felices si ella no hubiera dicho una noche:

—¿Sabes, cariño? Está profetizado que tú y yo tendremos una criatura más sabia y más poderosa que nadie en los cielos –le confió ella hablando medio dormida–. Tan poderosa como tú, amor mío. ¿Puedes imaginártelo?

Zeus pudo imaginarlo.

—Mi abuelo fue destronado por mi padre. A mi padre lo destroné yo. ¿Y si este hijo de Metis me destrona a mí?

Zeus abrió la boca y empezó a bostezar y a estirarse. Cuanto más se estiraba, más bostezaba. Cuando 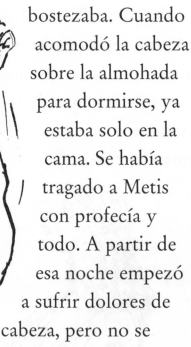 acomodó la cabeza sobre la almohada para dormirse, ya estaba solo en la cama. Se había tragado a Metis con profecía y todo. A partir de esa noche empezó a sufrir dolores de cabeza, pero no se arrepintió de lo hecho, porque creía que el mundo estaba lleno de mujeres.

Un día de invierno, la diosa Hera oyó un picoteo en su ventana. Abrió las persianas y un pequeño cuco se coló dentro aleteando, temblaba de frío.

—¡Pobrecito! –se compadeció Hera con los ojos llenos de lágrimas–. Déjame que te caliente.

Cobijó tiernamente al cuco contra su cuerpo y le acarició las alas salpicadas de hielo. Durante todo el día lo tuvo con ella y al llegar la noche lo puso sobre su almohada cerca de su rostro. Y, de repente, la cama crujió al recibir un gran peso. Y el cuco desapareció.

En su lugar estaba Zeus, sonriendo encantado a Hera y pidiéndole:

—Dame un beso, guapa.

—No hasta que te cases conmigo –replicó Hera, deslizándose rápidamente fuera de la cama–. He oído contar muchas cosas de ti, Zeus. Quiero ser la Reina del Cielo y el solo y único amor de Zeus.

Así que Hera se casó con el cuco y se cuenta que las montañas ofrecieron un colchón de maravillosa hierba verde y una colcha de millones de flores para el lecho nupcial del Rey y la Reina del Cielo.

Hera le habló con claridad:

—He oído historias sobre tu amistad con chicas guapas. Desde hoy tus besos serán solo para mí, ¿vale? Que no me entere yo de que andas detrás de otra mujer.

—Nunca oirás nada semejante –aseguró Zeus con gesto inocente, mientras a su espalda tenía los dedos cruzados.

¿Retumban los truenos de nuevo?

Es que Hera se está peleando con Zeus otra vez. Y seguro que es a causa de sus aventuras amorosas. Parece que él es incapaz de controlarse ante una chica guapa. Y, claro, su vida con Hera nunca ha sido tranquila.

Hay hijos de Zeus por todas partes y solo unos pocos son de Hera. Ha tenido hijos con mortales,

hijos con ninfas marinas,

hijos con ninfas del bosque

y con diosas.

Hermes, el mensajero de los dioses, ha volado llevando innumerables mensajes de Zeus, la mayoría de ellos a mujeres. En ocasiones, Hera trata de acabar con sus amantes; otras veces, se conforma con hacerlas desgraciadas. Es como un combate: dos jugadores de ajedrez que tratan de eliminar, una a una, las piezas del contrario. Hera juega con mala intención.

EL ENFADO
DE LA DIOSA HERA

Zeus fue hasta los confines de la Tierra
para tratar de encontrar su centro. Soltó
a dos águilas gemelas: una desde el este
y otra desde el oeste. Naturalmente las
águilas volaron la una hacia la otra.

«Allí donde se encuentren debe de estar
el centro del mundo», se dijo Zeus.
«Porque son gemelas y exactamente
iguales en todo.»

Artemisa y Apolo eran mellizos, no se parecían en nada. Zeus era su padre, pero ¿quién era su madre? ¿Quizá Hera? Seguro que no. ¿Metis? ¿Europa? ¿Sémele? Viejos amores ya olvidados. No, su madre era Leto, un Titán. Cuando Hera supo que Leto esperaba mellizos, juró que aquellas criaturas no nacerían.

—La Tierra no te permitirá descansar sobre ella, Leto. Y el Tiempo no te concederá un minuto para dar a luz.

—Majestad –protestó Leto–. Uno de los bebés será Artemisa. Se parecerá a ti. Feroz cuando se enfade, dura en sus ataques. Y además odiará a los hombres.

—Bueno, pues que nazca –concedió Hera, y Leto dio a luz a Artemisa–. ¿Quién será el otro? –preguntó Hera.

—Apolo, brillante como el sol –aseguró Hera, llena de orgullo por el hijo aún no nacido–. Un arquero, un atleta, un amante tan maravilloso como su padre...

—¡El mundo puede pasarse
perfectamente sin ese chico! –exclamó Hera,
y prohibió a todo el mundo mirar a Leto
o dirigirle la palabra–. ¡Echadla! Ni aquí ni
allí, ni en ningún sitio debe hallar Leto un
lugar para dar a luz a ese horrible hijo.

Leto lloró y protestó, luego se alejó
y navegó desde la costa a una isla, trepó
montañas. La gente temía a Hera y nadie
ayudaba a Leto, la escupían y la maldecían.

—¡Debo detenerme, debo descansar!
–gemía Leto–. ¡Mi hijo quiere nacer!

Por fin, las gentes de la isla de Delos se apiadaron de ella.

—Descansa, señora. Túmbate aquí. Hera no puede prohibir lo que los Hados han decretado. Nos sentimos muy honrados de ofrecer un hogar a tu hijo.

Así fue como Apolo, el hermano de Artemisa, nació en Delos y creció allí hasta convertirse en un joven tan guapo que mujer que le veía, mujer que se enamoraba de él. Pasaba gran parte de su tiempo sobre el carro del Sol, armado con arco y flechas, en busca de un paraje en el que hacer su hogar, su Atenas, su santuario.

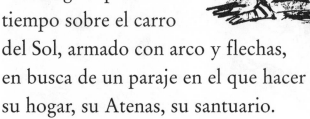

Una jovencita llamada Clitia le vio un día, y se enamoró tan profundamente de él, que no pudo apartar la vista de su dorado rostro, de los rizos de su cabello y de sus luminosos ojos azules... Se quedó tan quieta, que sus pies se hundieron en el suelo. Su cuerpo adelgazó tanto, que tomó el aspecto del tallo de una flor, y su cara se tornó dorada de tanto mirar al sol. Los dioses se apiadaron de ella y la convirtieron en el primer girasol. Todavía hoy todos giran para estar siempre de cara al sol. Y cuando sus corolas se secan, morenas de tanto sol, derraman sus semillas como si fueran lágrimas.

Artemisa llevaba siempre arco y flechas, como su hermano. Era cazadora. No le importaba nada ser hermosa o que su hermano Apolo fuera tan guapo. No le interesaba el amor de ningún hombre. Todas sus amistades y su servidumbre eran mujeres, y su único interés era cazar ciervos; los alcanzaba a la carrera gracias a sus largas piernas, finas y morenas.

Un día, un cazador, un hombre mortal
llamado Acteón, pasó por aquel lugar.
Le seguían cincuenta galgos ansiosos de
husmear un rastro. De vez en cuando, uno
de los galgos alzaba el hocico y captaba el
olor de un conejo o de un lobo; pero aún
no habían descubierto un ciervo.

Acteón oyó el murmullo de un río
y pensó que quizá
podría cazar
un ciervo
o una
cierva,
mientras
bebían
en la orilla. Se acercó
cautelosamente, sin quebrar una rama ni
pisar una sola hoja seca, y miró por entre
los arbustos. Lo que vio era mucho más
interesante que cualquier ciervo.

Un grupo de doncellas se estaba bañando en el río. Sus vestidos, sus arcos y sus aljabas colgaban de las ramas de los árboles; sus zapatos aparecían cuidadosamente alineados en la orilla. Ellas flotaban perezosamente en el río yendo de un banco de lirios a un grupo de verdes algas, jugaban a salpicarse agua al rostro unas a otras y reían alegremente.

En el centro del grupo nadaba la mismísima diosa cazadora. Lucía una diadema de plata sobre sus cabellos, el sol resplandecía en cada gota de agua que resbalaba sobre su piel morena. Acteón la contempló, consciente de que no debería hacerlo, pero sin poder apartar los ojos de la escena.

Y, de repente, uno de sus perros ladró.

Artemisa abrió los ojos y vio que un arbusto de la orilla temblaba.

—¿Quién anda ahí?

Acteón se incorporó balbuceando tímidamente:

—Yo... yo, no quería...

La luz del sol se quebró sobre el agua como hielo que se parte con un hacha. La tranquila escena se quebró también: las doncellas gritaron trepando por la orilla, descolgaron sus vestidos de las ramas y se los pusieron a toda prisa. Algunas todavía reían.

Artemisa no.

Golpeó el agua con la palma de su mano una vez, dos veces, tres. El arbusto se estremeció de nuevo, y en el lugar donde un segundo antes había estado Acteón, apareció un gran ciervo tembloroso con los enormes ojos llenos de espanto.

En el mismo instante, Acteón sintió sobre su cabeza el peso de la cornamenta y su corazón experimentó el terror de la criatura tímida y salvaje atrapada por cazadores.

Artemisa no disparó su arco, aunque sus flechas hubieran podido derribar al animal más veloz. Matar al hombre no le parecía suficiente. Para castigarle por haber espiado a una diosa, Artemisa condenó a Acteón a ser perseguido por sus propios perros.

Y él corrió. Sus pies, ahora pezuñas, le daban velocidad; pero sus perros lo seguían ansiosos.

Le acechaban ladrando, aullando, empujándose y saltando unos sobre otros, ansiosos por hincar sus dientes en el ciervo que huía. El aterrorizado animal escapaba en loca carrera a lo largo del valle, a través del bosque de zarzas y espinos. Su cornamenta quebraba las ramas, y la sangre de sus flancos dejaba un rastro claro en la corteza de los árboles.

Cincuenta perros le pisaban los talones cuando llegó al claro, sin aliento ni para pedir misericordia. Se lanzó ladera arriba, con los pulmones a punto de estallar, las pezuñas temblando y sintiendo el abrasador aliento de los perros junto a su temblorosa cola blanca.

Hubiera gritado: «¡Huracán! ¡Ciro! ¡Bella! ¡Soy yo! ¡Vuestro amo!»; pero los ciervos son mudos y no pueden gritar ni siquiera para salvar su vida.

Y justo en el momento en que alcanzaba la cima de la colina, le alcanzaron sus perros: mandíbulas poderosas y dientes afiladísimos... Para cuando terminaron, no quedaba nada del hombre que, por azar, había ofendido a Artemisa.

Leto tenía razón: esta era una mujer que le iba a gustar a Hera. Una mujer muy de su agrado. Artemisa y Hera se hicieron grandes amigas, siempre andaban contándose cotilleos acerca de las tonterías que hacían los dioses.

Así que cuando una de las doncellas cazadoras de Artemisa se dejó conquistar por Zeus, Artemisa la trató como a una oveja negra.

—¡Vete, Calisto, y jamás vuelvas a decir que eres una de mis cazadoras!

—¡Pero yo...!

—¡Vete, si prefieres la compañía de un varón a la mía...!

—¡No, no, yo no...!

—¡Corre! ¡Y ya verás lo que te pasa cuando le cuente a Hera que...!

—¡¡¡No!!!

Calisto corrió, como
había corrido
Acteón... Pero no
para huir de
Artemisa, sino para
pedir socorro.

Corrió por la orilla de los ríos, atravesó
bosques, subió colinas, ascendió montañas
hasta alcanzar el lugar altísimo que era la
residencia de los dioses.

—¡Zeus, Zeus, ayúdame! ¡Mi señora
Artemisa se ha enterado! ¡Mi señora
Artemisa se lo va a decir a...!

Zeus la oyó gritar, y también la oyó
Hera. La reina corrió a la
ventana y mirando de
un lado a otro trató de
descubrir a la bellísima
ninfa. Levantó su mano
para golpear...

Con la velocidad del rayo, Zeus lanzó
un encantamiento. Donde antes se veía
correr a Calisto, ahora aparecía una gran
hembra de oso pardo de piel muy fina
y claramente preñada, marchando
pesadamente a través de los matorrales del
Olimpo.

Demasiado tarde. Hera había visto la
transformación:

—¿Crees que así vas a salvarla? –se
burló Hera con rencoroso desprecio.

Hizo bocina con sus dos manos
alrededor de su boca y gritó a su amiga:

—¡Artemisa, Artemisa querida! ¿Has visto? ¡Hay un oso suelto por tus territorios de caza! ¡Un oso muy peligroso!

La osa aceleró su pesada marcha. Dirigió sus oscuros ojos hacia el cielo y lanzó un suave quejido. Atravesó ríos levantando oleadas de brillante espuma. Trepó por la montaña mientras el cielo de la tarde se iba oscureciendo. Tras ella corría Artemisa, la cazadora, seguida por los perros de Acteón y por todas sus doncellas. La osa llegó hasta las puertas de la Ciudadela de las Nubes.

Las encontró cerradas. Hera se había ocupado de ello. Calisto, la osa, se alzó sobre sus patas traseras y se volvió para enfrentarse con la jauría y las flechas de Artemisa. Hera se inclinó fuera de la ventana del cielo para

disfrutar de la lucha; detrás de ella oyó una voz:

—¿Crees que vas a acabar así con ella? ¿De verdad piensas que eres más poderosa que el resplandeciente Zeus?

Zeus lanzó un destello mágico, que elevó a la osa Calisto hasta lo más alto del firmamento y la disolvió en una oscuridad silueteada de estrellas.

Poco después, cuando la constelación de la Osa Mayor apareció en el firmamento nocturno, un pequeño grupo de estrellas la siguió: el cachorro de Calisto había nacido.

Y aunque Artemisa continúa disparando a la madre y al hijo, las flechas no los hieren, y caen al suelo sin hacer daño, porque la Osa Mayor y la Menor están hechas del aire de la noche.

Desde el estrellado cielo, Calisto y Arcas han presenciado los pequeños sucesos de la vida y los grandes acontecimientos de la historia. Y lo primero que vieron fue cómo una pareja de águilas gemelas se posaban sobre una columna de piedra. Las águilas de Zeus habían encontrado el centro del mundo.